**Wer anderen
eine Blume sät,
blüht selber auf.**

Wer ein Leben lang
glücklich sein will,
der werde Gärtner.

Chinesisches Sprichwort

Hat die Blume einen Knick, war der Schmetterling zu dick

Charmante Gartenweisheiten

benno

Wenn meine Seele
Urlaub braucht,
geh ich in meinen
Garten.

Klingeln, ...

warten ... und falls

keiner öffnet ... Weg säubern und

Blumen gießen!

Schild an einem Gartentor

Gärten sind wie
gute alte Freunde:
Sie können trösten,
begleiten, versöhnen
und begeistern.

Es genügt nicht,
mit den Pflanzen zu sprechen,
man muss ihnen auch
zuhören können.

Ein Optimist ist der fruchtbarste Dünger.

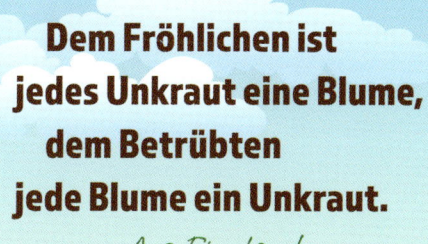

**Dem Fröhlichen ist
jedes Unkraut eine Blume,
dem Betrübten
jede Blume ein Unkraut.**

Aus Finnland

Wenn du vergnügt sein willst,
umgib dich mit Freunden.
Wenn du glücklich sein willst,
geh in den Garten.

Im Garten des Lebens
ist Humor der
beste Dünger.

Das Leben beginnt
mit dem Tag, an dem man
einen Garten anlegt.

**Gärtner sind
die Einzigen,
die wissen,
was ihnen blüht.**

**Dumme rennen, Kluge warten,
Weise gehen in den Garten.**

Rabindranath Tagore

**In einem Terminkalender
ist nichts so wichtig,
wie eine Stunde Muße
im Garten einzuplanen.**

Johannes Rau

**Traue keinem Garten,
in dem kein
Unkraut ist.**

Ein schöner Garten
wischt den Staub des
Alltags von der Seele.

Schöne Blumen
wachsen langsam,
nur das Unkraut
hat es eilig.

William Shakespeare

Bibliografische Information der Deutschen Nationalbibliothek
Die Deutsche Nationalbibliothek verzeichnet diese Publikation in der
Deutschen Nationalbibliografie; detaillierte bibliografische Daten
sind im Internet unter http://dnb.d-nb.de abrufbar.

Besuchen Sie uns im Internet:
www.st-benno.de

Gern informieren wir Sie unverbindlich und aktuell
auch in unserem Newsletter zum Verlagsprogramm,
zu Neuerscheinungen und Aktionen.
Einfach anmelden unter www.vivat.de.

ISBN 978-3-7462-6706-7

© 2025 St. Benno Verlag GmbH, Stammerstr. 9–11, 04159 Leipzig,
service@st-benno.de
Zusammenstellung: Volker Bauch, Gößnitz
Umschlaggestaltung: Bon Fernández Engler, Leipzig
Umschlagmotiv und Innenbilder: © stock.adobe.com/GabiWolf
Gesamtherstellung: Ufer Verlagsherstellung, Leipzig (B)